Dieses Buch gehört

Liebe Eltern,

mit der Weltsprache Englisch kommt Ihr Kind im Alltag häufig in Berührung. Wir wollen es beim Englischlernen unterstützen.

Unsere Bücher mit der liebenswerten Bildermaus enthalten kurze Geschichten auf Deutsch und auf Englisch mit einfachen Sätzen sowie großer und leicht lesbarer Schrift. Hauptwörter werden durch kleine Bilder ersetzt. Lesen Sie die Geschichten vor und lassen Sie Ihr Kind die Bilder selbst benennen. Auf jeder Seite finden Sie eine Bild-Wörterliste mit den einzelnen Vokabeln. Mit dem Domino-Spiel können Sie die neuen Wörter gemeinsam üben.

So wird Ihr Kind ganz nebenbei von der Bildermaus zum echten Leselöwen!

Viel Spaß! Have fun!

Werner Färber

Polizeigeschichten

Police Stories

Illustriert von Michael Bayer
Übersetzt von David Ingram

Werner Färber wurde 1957 in Wassertrüdingen geboren. Er studierte Anglistik und Sport in Freiburg und Hamburg und unterrichtete anschließend an einer Schule in Schottland. Seit 1985 arbeitet er als freier Übersetzer und schreibt Kinderbücher. Mehr über den Autor unter www.wernerfaerber.de.

Michael Bayer, 1971 in Friedrichshafen am Bodensee geboren, studierte Grafikdesign und Illustration an der Fachhochschule in Münster. Nach einem kurzen Abstecher in die Werbung arbeitet er heute als freier Illustrator in Mönchengladbach.

ISBN 978-3-7855-8825-3
1. Auflage 2017
Überarbeitete Neuausgabe des Titels *Geschichten von der Polizei*

Ins Englische übersetzt von David Ingram
Illustrationen: Michael Bayer
Umschlaggestaltung: Ramona Karl
Vignetten Bildermaus: Angelika Stubner
Reihenlogo nach einem Entwurf von Angelika Stubner
Printed in Poland

www.loewe-verlag.de
www.bildermaus.de

Inhalt

Das Geld liegt auf der Straße

Das fährt durch die .

Hinter dem sitzt die Paula.

Pepe, der , sitzt neben ihr.

The Money in the Street

The  is driving on the 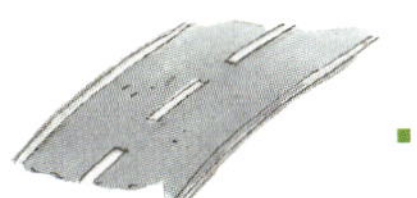.

The  Paula is sitting behind the . Pepe the  is sitting next to her.

	police car	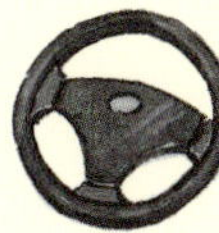	steering wheel
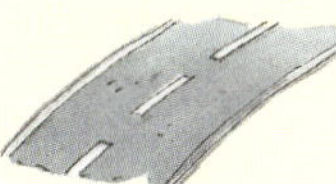	street		policeman
	policewoman		

Der  und der winken ihnen

zu. Auch der grüßt die beiden.

„Halt mal kurz an!“, sagt der .

„Willst du uns ein kaufen?“,

fragt Paula.

The  and the  wave to them. The  also greets them. "Please stop the  a moment," says the . "Do you want to buy some  for us?" Paula asks.

	postman		police car
	chimney sweep		policeman
	ice cream vendor		ice cream

„Ich möchte uns beim  ein paar  holen.“ Pepe öffnet die . Als er aussteigt, tritt er mit dem  auf mehrere .

“I want to get some  for us  from the .” Pepe opens the . When he gets out, he steps on several  with his .

„Seltsam, hier liegt ganz viel 

auf der “, sagt er. „Dann komme

ich besser mit“, sagt die .

Pepe hebt die auf. Paula

bückt sich nach einem .

"That's strange, there is a lot of lying here in the ," he says. "Let me come and help you," replies the . Pepe picks up the . Paula bends down to pick up a  .

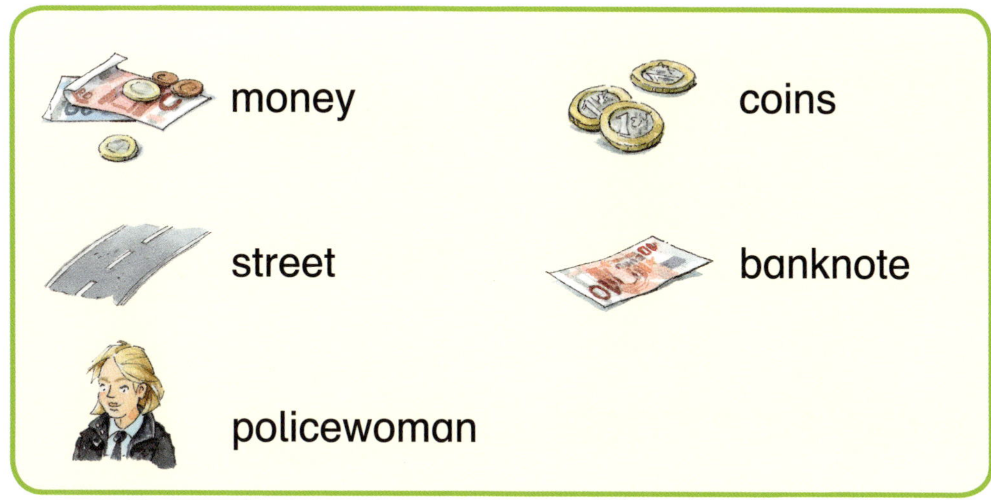

Weiter vorne liegen weitere .

„Wenn man so viel  verliert, muss man das doch merken“, wundert sich der . Sie folgen der  aus  bis zu einer 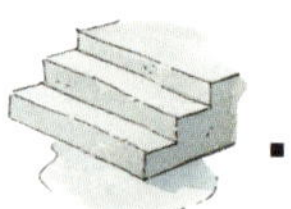.

Sie führt hinauf zu einer .

Further away, they see even more . “How can someone lose that much without noticing?”

the wonders. They follow

the of to a .

It leads up to a .

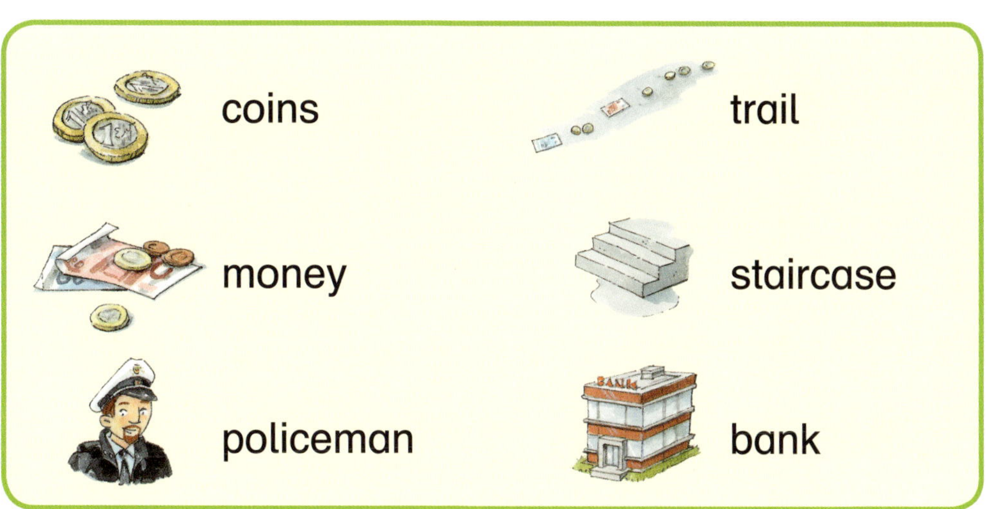

„Vorsicht!“, sagt Pepe. Die  nickt.

„Vielleicht hat ein  die 

überfallen?“ Oben geht die  auf.

Ein kommt weinend aus der .

Es hält ein  in der 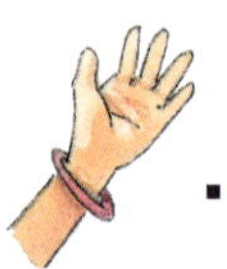.

"Careful!" says Pepe. The  nods. "Perhaps a  has robbed the ?" The  opens above them. A  comes out of the , crying. She is holding a  in her 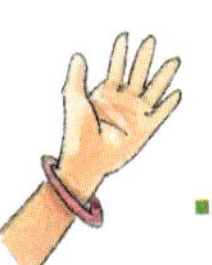.

	policewoman		girl
	robber		piggybank
	bank	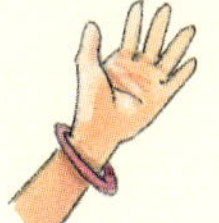	hand
	door		

„Was ist passiert?“, fragt der .

„Ich wollte mein  einzahlen.

Aber mein  war leer.“ Paula

schaut sich das  genauer an.

„Das  ist offen“, sagt die .

"What happened?" asks the .

"I wanted to bring my  to the . But my  was empty." Paula takes a closer look at the . "The 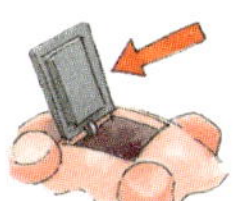 is open," says the .

	policeman		piggybank
	money	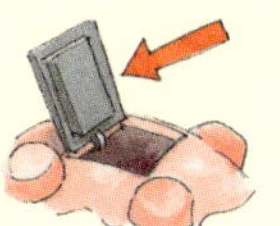	lid
	bank		policewoman

„Das habe ich nicht gemerkt“, sagt das  schluchzend. Der  holt das eingesammelte  hervor. „Sieh mal, was wir gefunden haben!“ Er wirft alles ins .

"I didn't notice that," says the

sobbing . The takes out

the they collected from

the . "Look what we found!"

He puts all of it in the  .

„Danke!“, sagt das  mit leuchtenden . Schnell kehrt es in die  zurück, um das  einzuzahlen.

"Thank you!" says the  with shining . She quickly goes back inside the  to deposit the .

Das alte Fahrrad

Pepe ist auf dem  zur  .

Direkt davor steht ein älterer 

mit seinem  an der  .

Er wartet auf das grüne  .

The Old Bicycle

Pepe is on the  to the .

Directly in front of it, an elderly 

is standing at the  with his .

He is waiting for the green signal.

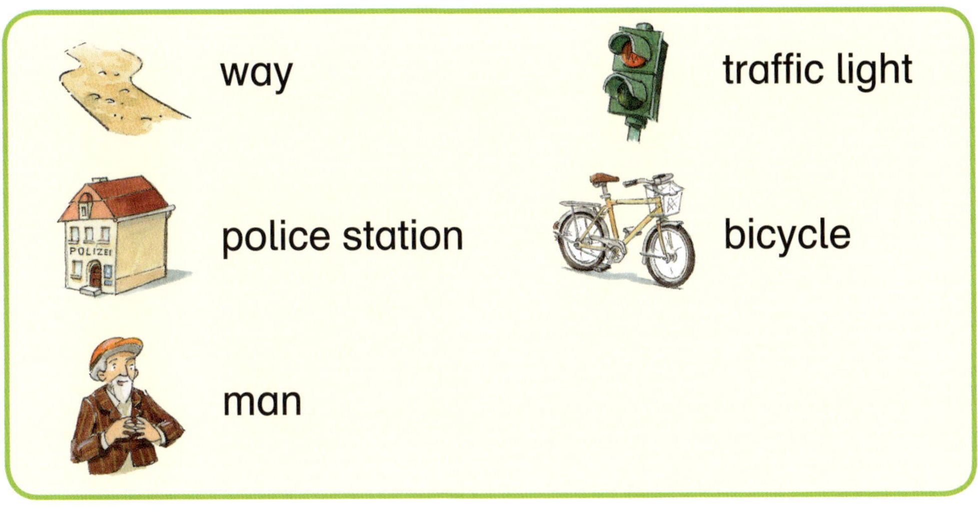

Plötzlich schnappt ein 

die aus dem  und rennt

auf die 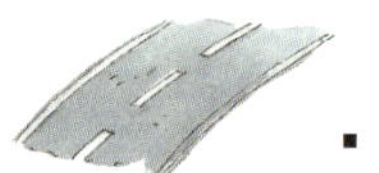.

Suddenly, a [thief] snatches

the [bag] from the [bicycle basket] and runs

down the [street].

thief

bicycle basket

bag

street

Ein  kann gerade noch

bremsen. Die  quietschen. „Hilfe!

Der hat meine  geklaut!“, ruft

der . Der  eilt herbei.

A only just manages to brake. The squeal. "Help! He

stole my !" the cries.

The hurries over to him.

„Leihen Sie mir Ihr  ?“, fragt er. „Mit meinem alten  wollen Sie den  erwischen?“, fragt der . „Warum nicht?“, erwidert Pepe. Er lässt sich  und  geben und jagt los.

"Could you lend me your  ?"

he asks. "You want to catch the 

with my old  ?" the  asks.

"Why not?" replies Pepe. He takes

the  and the  and races

off.

	bicycle		man
	thief		helmet

Kracks! Die reißt. Sie bleibt auf der liegen. Der stellt sich mit einem aufs und stößt sich ab, als wäre er mit einem unterwegs.

Clang! The breaks. It falls

onto the . The stands

on the with one and

pushes himself along with the other

one, as if riding a .

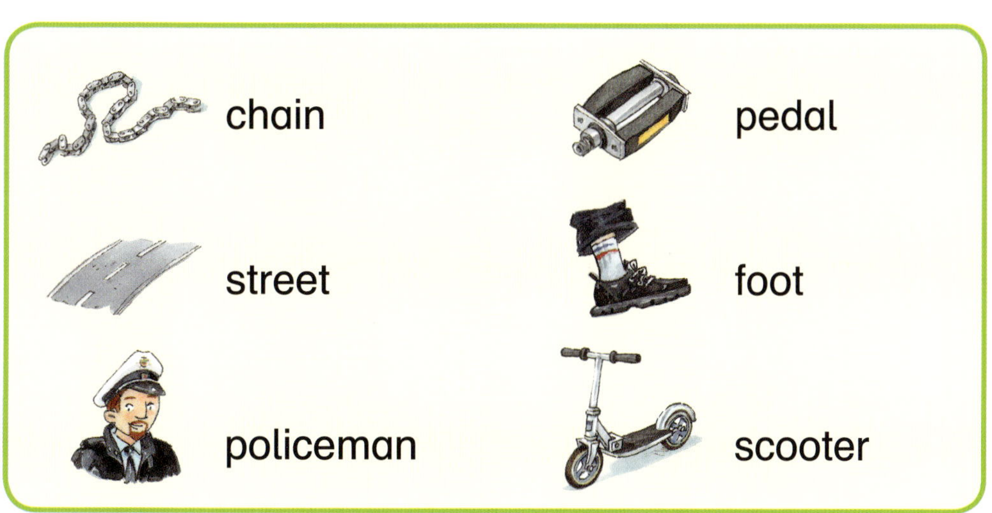

Endlich erwischt er den 

am  . „Sie sind verhaftet!“, ruft

er atemlos. Mit den  schließt

er den  am  fest.

He finally grabs the  by

 the . “You’re arrested!”

he says, out of breath. He uses

 the  to attach the  to

the .

Die  legt er in den 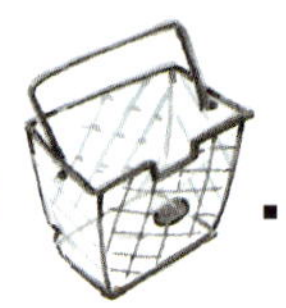.

„Das  ist leider im “, sagt der  wenig später zu dem , der noch immer an der  wartet.

Then he puts the  back into  the . "Unfortunately the  is broken," the  says a few minutes later to the  who is still waiting at the 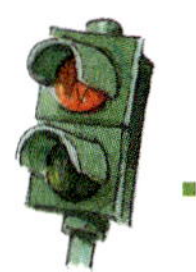.

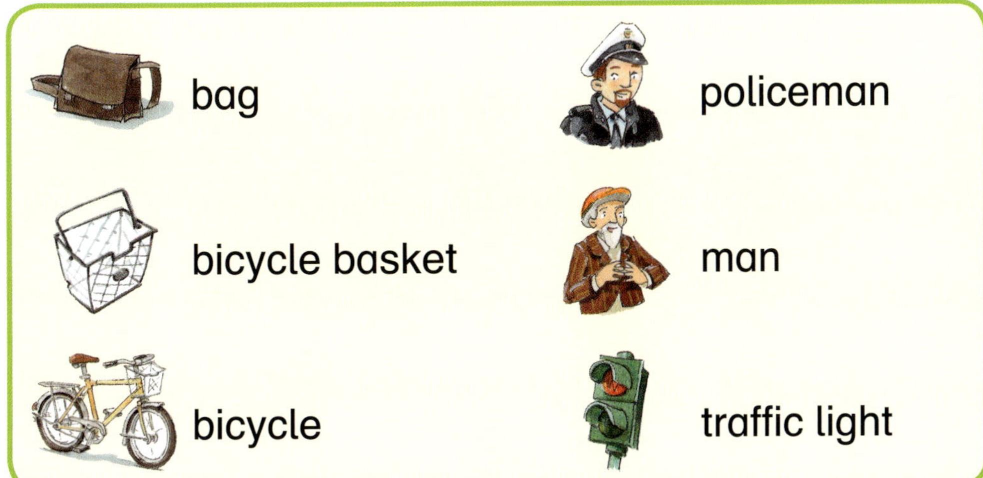

Der  winkt ab. „Das  war sowieso eine alte . Ich habe meine wieder! Das ist viel wichtiger!“

But the smiles. “The was really old anyway. I’ve got my back! That’s much more important!”

Die Wörter zu den Bildern:

Polizeiauto

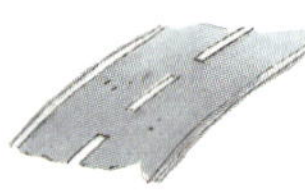
Straße

Lenkrad

Polizistin

Polizist

Briefträger

Schornstein-
feger

Eisverkäufer

Eis

Bäcker

Brezeln

Tür

Fuß

Münzen

Geld

Geldschein

Spur

Treppe

Bank

Räuber

Mädchen

Sparschwein

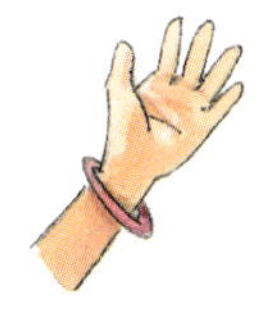

Hand

Türchen

Augen

Weg

Polizeiwache

Mann

Fahrrad

Ampel

Männchen

Dieb

Tasche

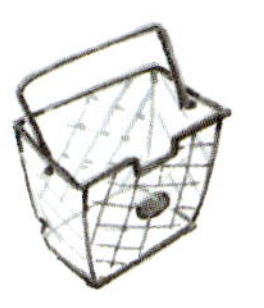

Fahrradkorb

Lastwagen

Reifen

Helm

Kette

Pedal

Roller

Kragen

Handschellen

Lenker

Eimer

Gurke

Noch mehr Lesespaß!

ISBN 978-3-7855-8823-9

ISBN 978-3-7855-8824-6

ISBN 978-3-7855-8826-0